U0017337

改變世界的
非凡人物

艾爾哈特
AMELIA EARHART

改變世界的非凡人物系列——

艾爾哈特

文｜伊莎貝爾・湯瑪斯
圖｜達莉亞・阿迪倫
譯｜施穆穆

叢書主編｜周彥彤
美術設計｜蔚藍鯨
特約編輯｜洪　絹

副總編輯｜陳逸華
總 編 輯｜涂豐恩
總 經 理｜陳芝宇
社　　長｜羅國俊
發 行 人｜林載爵

聯經出版事業股份有限公司
新北市汐止區大同路一段 369 號 1 樓
(02)86925588 轉 5312
2021 年 1 月初版・2022 年 6 月初版第 2 刷
有著作權・翻印必究　Printed in Taiwan.

行政院新聞局出版事業登記證局版臺業字第 0130 號
本書如有缺頁，破損，倒裝請寄回台北聯經書房更換。

聯經網址｜ www.linkingbooks.com.tw
電子信箱｜ linking@udngroup.com
文聯彩色製版印刷公司印製

ISBN ｜ 978-957-08-5657-6
定價｜ 320 元

國家圖書館出版品預行編目資料

改變世界的非凡人物：艾爾哈特 / Isabel Thomas 著；
Dalia Adillon 繪圖；施穆穆譯 .-- 初版 .-- 新北市：聯經，
2021 年 1 月 . 64 面；14.8X19 公分
譯自：Little guides to great lives : Amelia Earhart.
ISBN 978-957-08-5657-6(精裝)
[2022 年 6 月初版第 2 刷]

1. 艾爾哈特 (Earhart, Amelia, 1897-1937) 2. 傳記
3. 通俗作品 4. 美國

785.28　　　　　　　　　　　　　　　109018978

Amelia Earhart
Written by Isabel Thomas
Illustrations © 2018 Dalia Adillon
Translation © 2021 Linking Publishing Co., Ltd.
This edition is published by arrangement with Laurence King
Publishing Ltd. through Andrew Nurnberg Associates International
Limited.

The original edition of this book was designed, produced and
published in 2018 by Laurence King Publishing Ltd., London under
the title Amelia Earhart (Little Guides to Great Lives).

改變世界的
非凡人物

艾爾哈特

文　伊莎貝爾・湯瑪斯 Isabel Thomas

圖　達莉亞・阿迪倫 Dàlia Adillon

譯　施穆穆

愛蜜莉亞‧艾爾哈特是美國早期的超級明星之一，她被高聲歡呼的人群包圍，登上每家報紙的頭版，甚至還推出個人的時尚品牌。

艾爾哈特不是一位政治家，也不是電影明星或歌星，她是一名……飛行員！

艾爾哈特大膽的飛越陸地和海洋，她不是全世界最厲害的女飛行員，但她絕對是最有名的。

然而有一天，艾爾哈特在飛越太平洋時失蹤了。那是八十多年前的事，這個謎團到現在尚未被解開。

艾爾哈特的故事，要從美國堪薩斯州的一個小鎮說起。

在艾爾哈特小的時候，她們一家人十分親密，母親艾咪會讀精采刺激的故事給女兒們聽；父親艾德溫會帶她們去釣魚和打球。

艾咪・奧蒂斯
（母親）

艾德溫・斯坦頓・
艾爾哈特（父親）

愛蜜莉亞・瑪麗・
艾爾哈特
小名「蜜莉」
生於西元1897年7月24日

穆里爾・艾爾哈
小名「佩姬」
（妹妹）

她們喜歡在戶外探索和冒險。當艾爾哈特七歲時，
她就在庭院裡，自己設計、蓋了一座雲霄飛車。

艾爾哈特在二十世紀初長大，當時的世界正發生急遽的變化，飛機就是一項嶄新的發明！

1903年，萊特兄弟完成史上第一次動力飛行（當時艾爾哈特六歲）。

飛機很快成為各地展覽和節慶活動中，吸引群眾的焦點。1908年，艾爾哈特首次在愛荷華州博覽會上看到一架飛機，只不過當時她並沒有留下深刻的印象。

「那是由生鏽的
電線和木頭
所組成的東西，
一點也不有趣。」

那麼，艾爾哈特喜歡什麼呢？

我喜歡的事物
- 閱讀和昆蟲有關的讀物
- 騎馬
- 發明東西
- 刺激的冒險
- 籃球
- 數學
- 芹菜

我討厭的事物
- 大家都認為男孩在某些方面表現總是更傑出（我曾跳過了一個同年紀男孩都不敢跳的籬笆！）
- 穿洋裝
- 糖果

二十世紀初，大家認為男孩們應該具備冒險精神，選擇比較刺激的職業。女孩們則被期待要學縫紉、音樂和良好禮儀，然後結婚和照顧小孩。艾爾哈特覺得這並不適合她。

艾爾哈特收集了許多關於女性選擇不同生涯的報導文章。

在艾爾哈特十幾歲時，生活開始變得比以前辛苦。她的父親失業，成了酗酒者。父母從此分居，之後離婚。艾爾哈特依然愛她的父親，但有時候，她覺得自己才是大人，父親反而像是孩子。

艾爾哈特想像著可以開始充滿冒險生活的日子，但問題是，她不知道自己想做什麼。

有一天，艾爾哈特偶然遇到在第一次世界大戰中受傷的士兵們。

「我第一次意識到，世界大戰意味著什麼。
我看到……缺手、缺腿、身體癱瘓和失明的人。」

艾爾哈特沒有完成畢業考，就決定嘗試去盡一己之力。她搬到加拿大多倫多擔任護理志工，直到戰爭結束。

艾爾哈特每週工作六天，負責擦地板、分發藥品、配送餐點、幫痙攣的病人按摩、與病人玩遊戲互動……

在多倫多時，艾爾哈特和妹妹參訪了一座<u>機場</u>，一名特技飛行員駕駛著飛機，突然故意俯衝飛向女孩們，但艾爾哈特並沒有被嚇倒，反而被吸引住了！

「當時我並不明白
發生了什麼事，但我相信
這架小飛機咻的一聲
飛過時，告訴了我
一些事。」

當戰爭結束後，艾爾哈特仍然不確定自己未來要做什麼。
她開始接受醫生的培訓課程，但不久後就離開了，前往加
州和父母同住。她參觀了當地的航空展，並在1920年，
花了十美元登上一架飛機！

在洛杉磯上空的飛行，是她覺得有史以來最刺激
的十分鐘！艾爾哈特立刻知道，她一定要
成為一名飛行員。

不過，她面臨到一個問題……

1分鐘的  = $1
1小時的 = $60
40小時的 = $2,400!

艾爾哈特需要一份工作！她一開始在她父親的辦公室上班，後來她又接了第二份工作，在一家電話公司負責郵件分類的事務。

她決定開始上飛行課程，並且特別希望指導她的是位女飛行員。艾爾哈特詢問飛行員先鋒安妮塔·斯諾克的意願，後來她們更成為很親近的朋友。

安妮塔·斯諾克

叫我娜塔！

艾爾哈特經常犯愚蠢的錯誤。和「感知飛行」相比，她喜歡倚賴她的儀器告訴她怎麼飛。沒有比在空中飛行更讓她快樂的事。

艾爾哈特為了存錢上飛行課程、買飛機燃料和擁有自己的飛機,她接了更多工作!在上飛行課程期間,她還當過卡車司機、攝影師、打字員,和香腸銷售員。

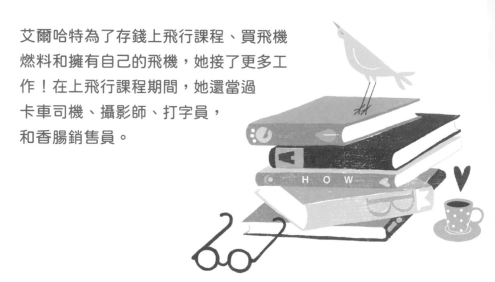

六個月後,她有了足夠的錢,買了一架黃色閃閃發亮的雙翼機。

金絲雀號
兩座單引擎的雙翼機

她也發生了第一次墜機！但這在當時是很正常的。飛行具有危險性，飛機引擎有時會停止運轉，木製飛機也沒那麼堅固。

艾爾哈特身上多了不少腫包和瘀傷，但對她而言，這些都是飛行的樂趣。

1921年，艾爾哈特通過了種種考試，取得美國國家航空協會飛行執照。兩年後，她考取了國際飛行執照。

艾爾哈特是史上第十六位有飛行執照的女性！

現在，她可以參加飛行賽了。不過，她認為不准許女性和男性一起比賽，是不公平的。

證照號碼：6017

茲證明
愛蜜莉亞·瑪麗·艾爾哈特，
出生於1897年7月24日，
符合成為一位飛行員所有必備條件。

日期：1923年5月15日

她甚至比任何女飛行員飛得還高

——高達14,000英尺！

在父母離婚後，艾爾哈特和她的母親及妹妹搬到波士頓。她沒有放棄飛行，然而燃料實在太貴，她仍需繼續努力工作。

艾爾哈特喜歡幫助別人，因此，她選擇去當社會工作者。在美國，有許多來自敘利亞和中國的移民家庭，她教他們學習英文，協助他們安頓下來。她為孩子們安排遊戲，帶他們去郊遊。

她更花時間鼓勵其他女性搭乘飛機，甚至學會自己飛行。

有一天，她接到一通改變她一生的電話。

您好，您想成為
第一位飛越大西洋
的女性嗎？

艾爾哈特必須捏一下自己，確定自己不是在作夢。打電話的是一位名叫喬治·普特曼的知名出版人，正在尋找一位有足夠膽量的女性，願意乘坐飛機飛越大西洋。

當時的飛機又小又不牢固，所以這將會是一趟艱鉅而且危險的任務。

「我無法拒絕！我想去，因為我熱愛生命，也願意接受生命賦予我的任何事物。我渴求每一個機會和冒險的可能性。」

1928年6月17日，艾爾哈特擠進友誼號機艙內，坐在兩個易燃的油箱之間！這架飛機是由威爾默·斯圖茲和副駕駛路易斯·戈登負責駕駛，艾爾哈特要做的就是看著窗外，並寫下她的飛行日誌。

總重量超過三噸的我們，翱翔在四千英尺高空。
此刻我們正位於暴風雨中，即使有三噸的重量，還是相當搖晃。

在一萬英尺高的雲層之上，非常寒冷。水滴不停的打在窗戶上，飛機引擎聽起來好像隨時會停止運轉。

距離起飛超過二十個小時之後，全機組人員看到海面上的船隻時，總算鬆了一口氣，終於……降落了！

他們於1928年6月18日降落。原本預定航向愛爾蘭，但實際上，他們降落在南威爾斯的貝利港！

他們接著飛抵倫敦，受到當地熱情人群的歡迎。

艾爾哈特，成為第一位搭飛機飛越大西洋的女性，是什麼感覺？

「斯圖茲負責全程飛行，我只是一件行李，就像一袋馬鈴薯！也許有一天，我會嘗試自己飛行。」

艾爾哈特，會不會很可怕啊？

艾爾哈特！

艾爾哈特！

一夕之間，艾爾哈特成為超級巨星！

這意味著她能有：

- ♥ 各種令人興奮的合作提案
- ♥ 出版書籍的合約
- ♥ 來自世界各地的講座邀請
- ♥ <u>商品代言</u>
- ♥ 派對邀約
- ♥ 免費贈品
- ♥ 金錢（可以補貼家用）

喬治・普特曼協助她善用每一個機會。艾爾哈特甚至開始為《柯夢波丹》雜誌撰寫專欄。她透過演講和寫專欄文章，告訴所有女性飛行的樂趣，並說明這是一種安全的交通方式。

她還想向所有女性證明，刺激的冒險不僅僅適合男性，女性也可以追尋她們的夢想。

愛蜜莉亞·艾爾哈特
行李箱

11月號
柯夢波丹

20小時又
40分鐘

在友誼號上的
飛行日記

愛蜜莉亞
艾爾哈特

愛蜜莉亞
艾爾哈特
飛行大小事,
一次告訴你

喬治想出新的挑戰，讓艾爾哈特持續登上每家報紙的頭版。他們組織了「女子飛行賽事」，一場從西岸飛東岸、從加州飛往俄亥俄州的橫越美國飛行比賽。二十名女飛行員一起開始這項比賽……

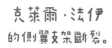
克萊爾·法伊
的側翼支架斷裂。

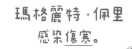
瑪格麗特·佩里
感染傷寒。

西亞·拉什發現
油箱有沙子，但仍堅持
飛完全程。

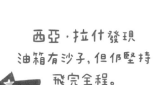

馬弗爾·克羅松
飛機墜地罹難。

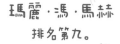
瑪麗·馮·馬赫
排名第九。

芭比·特魯特
完成飛行，但未在時間內抵達。

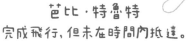

布蘭琪・諾伊斯的飛機
著火了,她失謊飛機降落,
用沙漠的沙子滅火之後,
再次起飛,排名第四!

葛萊蒂・奧唐納
排名第二。

艾爾哈特的飛機
撞山翻覆。
她迅速修復之後起飛,
排名第三。

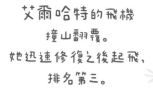

路易絲・泰頓
贏得冠軍!

露絲・埃爾德
然降落在乳牛牧場,
但幸好還
排名第五。

……但只有十五名飛行員完成飛行。

艾爾哈特與喬治‧普特曼結婚了，但她沒有因此安定下來。夫妻倆擬訂了更雄心壯志的計畫！

在女子飛行賽事結束後沒幾天，艾爾哈特召開一場女飛行員會議，她們決定成立第一個女性飛行員團體組織。

有九十九位申請加入，所以她們自稱為「九十九女性飛行員協會」。

艾爾哈特想成為第一位獨自飛越大西洋的女性。

全世界都認為她瘋了，因為先前已經有七名女性嘗試做相同的事，但最終全都罹難。

不過，艾爾哈特想向自己和全世界證明，她不僅僅是一名飛機乘客。

1932年5月20日，她如願起飛、航向夕陽。

這不是一趟簡單的旅程。

艾爾哈特依賴她的儀表判斷飛機的飛行位置，執行「盲飛」，但是在起飛四小時之後，飛機的高度表故障了。

在濃密的雲霧中，她無法得知飛得多高。接著，她飛進了可怕的暴風雨中，飛機被風、雨和閃電不停撞擊一個小時，但她決定繼續飛行。

有一次她飛升得太高，飛機結冰，朝海面的方向急遽下降了3000英尺……

……但是艾爾哈特奮力控制飛機，在飛機即將落海之前，再次拉升飛機，恢復平穩。

將近十五個小時孤單的飛行後，艾爾哈特很高興看見土地，她降落在一座乳牛牧場上。

這裡是哪裡？

艾爾哈特成功了！她在十四小時又五十六分鐘內，
飛行了2026英里！

艾爾哈特現在是：

♥ 第二位獨自飛越大西洋的人（而且是第一位女性！）
♥ 創下最快飛越大西洋的新紀錄
♥ 締造女性最長不著陸的飛行

艾爾哈特無暇休息，她出訪巴黎、倫敦和羅馬，獲得許多
榮譽和獎勵。

艾爾哈特代表所有女性——
不論是飛行員與否——接受
頒獎。在所有的採訪、致詞
和演說中，她提醒人們，女
性和男性是平等的。

現在，她是最有名的美國
女性，僅次於第一夫人艾麗
諾‧羅斯福，而她們兩人也
成為好朋友。艾爾哈特推出
個人時尚品牌，並開
始在普渡大學工作，
鼓勵女性成為工程
師、科學家、醫生和
商業領袖。

她希望所有女性都有遠大的
夢想。

接著，艾爾哈特成為第一位橫跨太平洋、從夏威夷飛往加州的飛行員，這是一趟長達十八小時的飛行。她將飛行時的點點滴滴，記錄了下來：

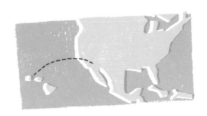

在空中

在太平洋上空，這是一個繁星之夜，星星似乎從海面升起，懸掛在駕駛艙窗外，觸手可及，直到幾個小時後，它們才溜入黎明中。

起飛

我看到幾個拿著手帕的女人，顯然已準備好應對任何緊急狀況。我無意間瞥見三輛消防車和一輛救護車停在牧場上、畫有「X」記號的地方，也許那是預先標示意外事故可能發生的地點。

飲食

我吃什麼？我的標準配給——簡單的番茄汁、一顆
水煮蛋，以及一杯令我終身難忘的熱巧克力。

降落

這次當我降落時，我不必解釋我的身分，成千上萬的
群眾，正等著迎接這架飛機。當我打開駕駛艙門，相
機快門聲此起彼落的響起。

到了1937年，艾爾哈特已無紀錄可破！

只剩下一個沒有女人、也沒有男人曾經嘗試征服的目標……

環球旅行，

越地球最寬的部分

飛行員、技工和領航員幫艾爾哈特和喬治，設計了
一條超過30,000英里、蜿蜒的飛行路線。

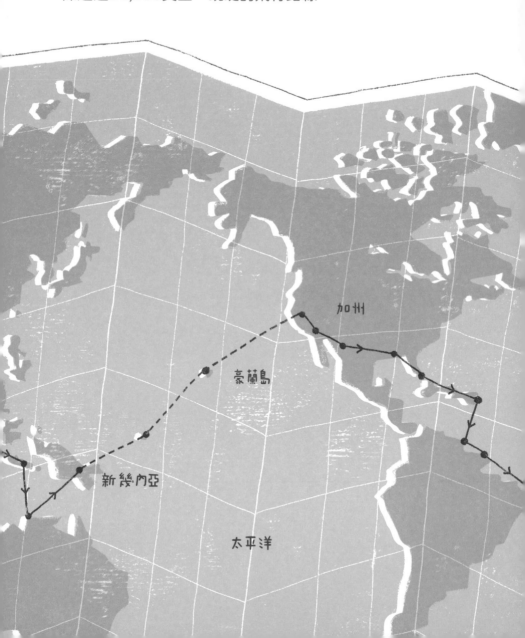

普渡大學贊助了一架不需要停機加油就可飛行4,500
英里、非常豪華的全金屬製飛機。就連羅斯福總統也
盡全力協助！

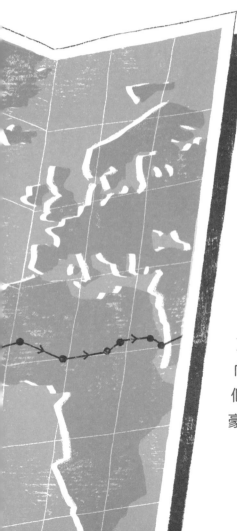

1937年5月21日，艾爾哈特從加州起飛，向東飛去。四十天後，她飛行超過二十個停靠站，將近22,000英里。

她現在要做的就是從新幾內亞到加州，飛越整個太平洋。這是一趟距離很遠的長程飛行，她必須降落在豪蘭島加油。她帶著一位名叫佛瑞德・努南的領航員，協助她找到世界最大海洋上的一座小島。

艾爾哈特和佛瑞德於7月2日從新幾內亞起飛，他們大約需要飛行二十個小時，才能抵達2,556英里外的豪蘭島。

海岸巡衛隊艇艾塔斯卡號在豪蘭島附近待命，等待艾爾哈特抵達，準備透過無線電協助她導航。但很明顯的，艾爾哈特發給艾塔斯卡號的無線電訊號，全部都接不通……

格林威治標準時間

17.45　　大約在200英里外。警示音響起。

18.15　　請協助確認我們的位置，並在半小時內回報，我會用麥克風發出響聲。現在大約在100英里外。

19.12　　KAHQQ（艾爾哈特的無線電呼號）呼叫艾塔斯卡號，我們現在應該在你的上空，但你不在視線內，我們的燃料不足，無法透過無線電聯絡到你們，目前的飛行高度是1000英尺。

19.29　　我們正在盤旋，但是聽不到你們的訊號，現在請繼續搜尋7500頻道，或是按表定時間在半小後繼續搜尋。

19.30　　KHAQQ呼叫艾塔斯卡號，我們收到你的訊號了，但無法聯繫上，請協助確認我們的位置，並以語音回應3105頻道。

20.14　　我們的飛行位置在157-337，將會在6210頻道重複此訊息。請聽6210頻道，我們正南北向飛行著……

接著……就沒有聲音了。

艾爾哈特的行蹤成謎，成為全世界的
頭版新聞。

本旦　　新聞

艾爾哈特的飛機
消失在海上

愛蜜莉亞・艾爾哈特行蹤不明

每日要聞紀事報

愛蜜莉亞·艾爾哈特墜落海面，戰艦尋獲微弱信號！

天天時報

愛蜜莉亞·艾爾哈特失蹤了！

艾爾哈特小姐迫降海上，豪蘭島當局憂心，海岸巡衛隊開始搜救

海軍在艾爾哈特失蹤的太平洋海域搜救

艾塔斯卡號花了十七天的時間搜尋艾爾哈特的飛機，這項聯合搜救任務有來自美國、英國和日本的船隻、出動六十架飛機及超過4,000人的人力。

他們一起逐步搜尋超過250,000平方英里的海洋範圍和數十個小島嶼。喬治‧普特曼持續搜救到十月，但艾爾哈特、佛瑞德，和她所駕駛的飛機，還是無影無蹤。

愛蜜莉亞·艾爾哈特到底發生了什麼事？

自她失蹤之後，人們提出了許多假想，
以下是其中一部分……

因為豪蘭島隱藏在雲端之下，所以她看不見。

飛機墜毀沉沒，機上人員瞬間罹難。

燃料耗盡，迫降於鯊魚出沒的海域。

讓我出去！

我是愛蜜莉亞·艾爾哈特！救救我！

水淹到膝蓋了！

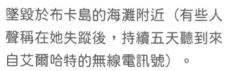

墜毀於布卡島的海灘附近（有些人聲稱在她失蹤後，持續五天聽到來自艾爾哈特的無線電訊號）。

在尼庫馬羅羅島上，被長足蜈蚣和巨蟹生吞活噬了。

事實上，她是替美國海軍
繪製太平洋地圖的間諜，
所以「蓄意
失蹤」。

偽造她的死亡，
改變她的身分，
化名成艾琳·
博蘭，過著家庭主婦的生活，
活到七十多歲。

誤降落在馬紹爾群
島，被日本士兵俘虜
到塞班島監獄，並感
染痢疾身亡。

1939年1月，艾爾哈特被宣告死亡。

當她去世時，是世界上最著名的女性之一。
即使在死後八十年，她依然很有名。

<u>潛水器</u>和<u>聲納</u>之類的新科技，可大規模搜索豪蘭島附近的海域，
但依舊沒有發現艾爾哈特駕駛的飛機，有任何蹤跡。

有時候會找到一些零星的線索，例如體型高挑的女性骨骸、一塊飛機機身的殘骸，或是宣稱看到艾爾哈特和佛瑞德的人們所說的故事。

但我們可能永遠無法得知真相了。

艾爾哈特膽大而堅定，她努力向所有女性證明，她們也能實現願望，從事自己想做的事情。

這就是為什麼人們還是對她念念不忘。不僅是因為她神祕的死因，更是因為她活得很精采。

「我們認為一件事該做，或是不該做，
這一點也不重要。
當我還是個小女孩時，我到懸崖上探索可怕的洞穴；
我設計陷阱，並抓到了一隻雞；
我曾跳過一個同年紀男孩都不敢跳的籬笆。
我知道還有好多有趣、刺激的事情，
而我的一生，還不夠全部體驗過一遍呢！」

艾爾哈特的飛航事蹟：

創下女子飛行海拔紀錄
（14,000英尺）

第一位乘坐飛機
飛越大西洋的女性

創下超過三公里
（181.18英里／時）
的女子飛行速度紀錄

創下超過一百公里
（174,897英里／時）
的女子飛行速度紀錄

創下自轉旋翼機
的飛行高度紀錄
（18,451英尺）

第一位用
自轉旋翼機獨自往返
飛越美國的人

第一位獨自
從夏威夷到加州、
飛越太平洋的人

第一位橫跨美國
進行單人來回空中
飛行的女性

成為女性的楷模

「九十九女性飛行員
協會」的第一任代表

撰寫兩本書：
〇 小時又 40分鐘》(暫譯)
《飛行的無價之樂》(暫譯)

幫美國第一家商業航空公司
招攬乘客

第一位飛越
大西洋兩次的人

第一位獨自
飛越大西洋的
女性

第一位獨自
從洛杉磯飛到
墨西哥城的人

創下女性最快速
直航的洲際飛行紀錄

年表

1897
7月24日出生於美國堪薩斯州的艾奇遜。父親是艾德溫·斯坦頓·艾爾哈特和母親艾咪·奧蒂斯·艾爾哈特。艾爾哈特的小名是「蜜莉」。

1899
艾爾哈特的妹妹葛蕾斯·穆里爾·艾爾哈特出生，小名「佩姬」。

1903
萊特兄弟完成史上第一次動力飛行。

1917
艾爾哈特搬到加拿大多倫多，並於第一次世界大戰時，在一家醫院擔任護理志工。

1919
艾爾哈特搬到馬薩諸塞州的北安普頓，開始接受成為醫生的培訓。

1920
艾爾哈特離開大學搬到加州。她經歷了與法蘭克·霍克斯的首次飛行，並下定決心學習飛行。

1925
艾爾哈特在馬薩諸塞州波士頓擔任社工。

1928
6月，艾爾哈特成為第一位乘坐飛機飛越大西洋的女性。

1929
艾爾哈特一夕成名意味著令人興奮的各種機會、邀約和收益。她在從加州到俄亥俄州的女子飛行賽事，排名第三。

1935
艾爾哈特是第一位飛越太平洋的女性，她獲選美國傑出女飛行員。

1935
艾爾哈特開始與普渡大學合作，該大學提供資金贊助她購買飛機，進行環遊世界的旅程。

1937
6月，艾爾哈特從佛羅里達州展開了環球飛行，7月2日，艾爾哈特和佛瑞德在豪蘭島附近失蹤，海岸巡衛隊花了十七天搜救艾爾哈特的飛機。

1908
艾爾哈特在愛荷華州博覽會上，第一次看到飛機。

1910
艾爾哈特姊妹在家自學，由母親和一位家庭教師教導，直到艾爾哈特十二歲，才開始在芝加哥海德公園中學就讀。

1916
艾爾哈特十八歲，畢業於海德公園中學。

1921
艾爾哈特與安妮塔·斯諾克開始上飛行課程，然後購買她的第一架飛機，她將這架雙翼機命名為「金絲雀號」。

1922
艾爾哈特創下女子飛行海拔高度14,000英尺的世界紀錄。

1923
艾爾哈特成為第十六位獲得飛行執照的女性。

1930
艾爾哈特在7月創下以181.18英里／時、飛超過三公里航道的女子世界飛行速度紀錄，並於10月拿到她的航空運輸執照。

1931
艾爾哈特當選「九十九女性飛行員協會」的第一任代表。她嫁給喬治·普特曼，他也成為她的經紀人。

1932
5月，艾爾哈特成為第一位獨自飛越大西洋的女性；8月，艾爾哈特成為第一位不著陸飛越美國的女性。同年，艾爾哈特的著作出版。

1939
1月，艾爾哈特被宣告死亡，她的失蹤仍然是一個尚未解開之謎。

愛蜜莉亞·艾爾哈特

小辭典 *依內文出現順序排列

政治家
統治一個國家或地區、從事政治工作的人。

飛行員
飛機駕駛員。

酗酒者
患有酒精成癮的人。

癱瘓
身體喪失部分或大部分的移動能力（有時是沒有任何知覺），一般是由於疾病、中毒或受傷導致。

機場
供飛機起飛、降落和維修飛機的地方。

飛行員先鋒
直接或間接對提升飛行技術做出貢獻，包括在飛航領域取得重大「第一」的人。

感知飛行
飛行員專業術語，指不全然依賴飛航儀器的指示，也依靠感知器官，如眼睛來判斷飛行情況。

雙翼機
一種舊型飛機，有兩對機翼，一對在另一對之上。

社會工作者
幫助個人、家庭、團體和社區改善他們的福祉，並協助他們發展自己的技能來解決問題的工作者。

商品代言
名人或機構受雇推薦產品。

傷寒
一種可能影響全身的細菌感染疾病，若沒有及時治療，可能會導致出現嚴重症狀並造成患者死亡。

盲飛（儀器飛行）
飛行員專業術語，指因為能見度差，不能目視飛行，僅能靠飛航儀器顯示飛行資訊及狀態。該術語現在被更廣泛的指再沒有任何幫助或指示的情況下，嘗試新事物。

高度表
測量物體海拔高度的儀器。

工程師
設計、建造和測試結構、
材料及系統的人。

技工
維修和維護汽車引擎，
及其他機械的人。

領航員
使用儀器或地圖，計畫及指
引船隻、飛機或其他運輸工
具的人。

飛行高度
飛機相對於海平面或是地平面的高度。

痢疾
腸道感染導致嚴重腹瀉。

潛水器
一種可在水面下操作的小船，通常使用於
勘查和探測。

聲納
藉著水中物體所產生或反射回來的聲
波，尋找物體所在位置的系統。

飛機機身
飛機的主結構。

飛航
飛機的飛行或操作。

自轉旋翼機
配有水平葉片和螺旋槳機型的飛機。

文　**伊莎貝爾·湯瑪斯** Isabel Thomas

科普童書作家，以人物、科學、自然等為主要創作題材。作品曾入選英國科學教育協會年度最佳書籍、英國皇家協會青少年圖書獎與藍彼得圖書獎等。

圖　**達莉亞·阿迪倫** Dàlia Adillon

自由插畫家。巴塞隆納出生。畫風優雅、多彩，且極具個人風格，作品多次榮獲國際大獎。目前定居義大利。

譯　**施穆穆**

畢業於淡江大學教育科技研究所，教育部國小英語師資檢定通過，目前任教於臺北市永安國小。論文研究主題為「運用英語圖畫書於國小低年級之英語閱讀教學設計」。喜歡鑽研英語圖畫書之運用與教學，並曾擔任國小圖書館閱讀推動教師輔導研習與教育進階研習—素養導向之英語閱讀講師。